AF298011

ARTICLES

CONTENANT LES STATUTS ET
Ordonnances des Maîtres Jurez Brasseurs de Biere
de la Ville de Paris.

LEsdits Maiſtres & Jurez du Métier des Braſſeurs
de Biere & de Cervoiſe de noſtre bonne Ville de
Paris, ayant reconnu que par le cours de pluſieurs
années que les Statuts, Articles & Ordonnances,
dreſſés pour leur Meſtier en ladite Ville, Faux-bourgs &
Banlieuë de Paris, & autoriſez par le Roy Loüis XII. au
mois de May de l'année 1514. depuis confirmez de Regne en
Regne, même par le feu Roy dernier d'heureuſe mémoire,
n'eſtoient ſuffiſans pour retrancher entierement les fraudes &
abus qui ſe commettent en la confection & trafic des Bieres,
& en l'exercice dudit Métier très-important au Public & par-
ticuliers Habitans de ladite Ville; ils ont par le conſeil & avis
d'aucuns de nos Officiers, & d'autres notables perſonnes à ce
connoiſſans, fait revoir & corriger leſdits anciens Statuts, en y
ajoûtant ce qu'ils ont jugé neceſſaire pour l'utilité publique;
à ce que ſous le bon plaiſir de Sa Majeſté ils ſoient dorena-
vant entretenus, gardez & obſervez en noſtredite Ville, Faux-
bourgs & Banlieuë de Paris : Supplient très-humblement ſa-
dite Majeſté vouloir conſerver & autoriſer leſdits Articles &
Statuts, dont la teneur enſuit.

Premierement, qu'aucuns Maiſtres Braſſeurs de Biere &
Cervoiſe de la Ville, Fauxbourgs & Banlieuë de Paris, ne pour-

ront commencer à braſſer les jours de Dimanches, Feſtes ſo-
lemnelles, & Feſtes Nôtre-Dame. Comme auſſi ne pourront
charrier ni faire charrier eſdits jours leurs Bieres, ni autres
choſes concernant leur Métier, à peine contre chacun des contrevenans de cent livres pariſis d'amende aplicables moitié aux
pauvres enfermez, & l'autre moitié à l'Hôpital de la Trinité.

Item. Que dorénavant aucun ne pourra lever Braſſerie
ni travailler dudit Meſtier, ni faire germer aucuns grains
en ladite Ville & Fauxbourgs pour faire Biere & Cervoiſe,
ſi premierement il n'a eſté apprentif ſous l'un des Maiſtres
dudit Métier l'eſpace de cinq ans en ladite Ville & Fauxbourgs
de Paris; & qu'il ait après ſon apprentiſſage fini, ſervi en qua-
lité de Compagnon les Maiſtres dudit état trois ans entiers,
dont il ſera tenu apporter Certificat aux Jurez & Gardes, pour
icelui veu par eux avec ſon Brevet d'apprentiſſage bien &
dûëment quittancé, eſtre pourvû à lui faire faire ſon Chef-
d'œuvre; pour lequel faire il ſera tenu accommoder, germer
& faire un Braſſin de ſix ſeptiers de grain, ou de plus ſi plus
le veut faire, ce qu'il ſera tenu faire en preſence des Jurez &
Gardes dudit état, du Subſtitut de Monſieur le Procureur
General, & de tel nombre de Bacheliers dudit Meſtier qu'il
ſera aviſé; & ce fait ſera rapporté à Juſtice, afin que s'il eſt
ſuffiſant il ſoit reçû, en payant pour ſon entrée de Maiſtre
ſoixante ſols pariſis; à ſçavoir moitié au Roy, & l'autre moitié
à la Confrerie dudit Meſtier, & à chacun des Gardes & Jurez
cinquante deux ſols pariſis pour leurs peines. Et pour le re-
gard des Compagnons ou autres, qui par Lettres de don ou
autrement voudroient aſpirer à ladite Maiſtriſe, ſeront tenus
(après avoir eſté trouvez de bonne vie & mœurs) faire chef-
d'œuvre, comme eſt cy-devant dit, attendu que c'eſt breu-
vage qui entre au corps humain.

Item. Que les Braſſeurs de Biere & Cervoiſe ſeront tenus
de faire bonne Biere & Cervoiſe de bon grains, nettement
tenus, bien germez & bruſinez, ſans y mettre yvraye, ſa-
razin ni autres mauvaiſes matieres, ſur peine de quarante
livres pariſis d'amende, applicable le tiers au Roy, le tiers à
la Confrerie dudit Meſtier, & l'autre tiers aux Jurez. Et pour
cet effet, que les Jurez Braſſeurs verront & viſiteront les hou-

blons, auparavant que ceux qui les ont fait venir, puissent
les employer, ni les exposer en vente, pour sçavoir s'ils sont
moüillez, échauffez, moisis & gastez, parce qu'ils viennent
de pays lointain, & que le plus souvent ils ne sont pas bons
pour entrer en la confection de la Biere, afin que s'ils sont
trouvez defectueux, lesdits Jurez en fassent rapport à Justice,
pour estre jettez en la riviere, si faire se doit. Et au cas qu'ils
soient trouvez bons, ils leurs payent pour ladite visite à rai-
son de deux sols six deniers pour cent pesant, & ainsi qu'il est
accoûtumé de tous tems.

Item. Lesdits Jurez Brasseurs & Bacheliers prendront garde
qu'aucunes personnes ne colportent, & ne fassent colporter
aucunes leveures de Biere ou Cervoise par la Ville, Faux-
bourgs & Banlieuë de Paris, ni même les maistres Brasseurs
de ladite Ville & Faux-bourgs de Paris, n'en colporteront ni
feront colporter, ni n'en vendront aux colporteurs pour colporter ni revendre, à peine contre chacun desdits Maistres
de soixante livres parisis d'amende, & de confiscation des-
dites leveures; & contre chacun desdits colporteurs de pareille amende, applicable le tiers aux Pauvres enfermez,
l'autre tiers à l'Hôpital de la Trinité, & l'autre tiers à la Communauté desdits Brasseurs. Et seront tenus lesdits Brasseurs de
Biere de la Ville & Faux-bourgs de Paris, de vendre leurs
leveures de Biere en leur Brasserie & maison, & non ailleurs;
& ce aux Pasticiers & Boulangers qui l'employent en leur
ouvrage, & non à autre, afin qu'ils en puissent estre respon-
sables en cas qu'elles se trouvent defectueuses.

Item. Lesdits Jurez Brasseurs verront & visiteront les
leveures dures faites de Biere, apportées par les Forains &
autres, pour sçavoir si elles sont bonnes, & doivent estre em-
ployées pour entrer au corps humain, ayant souventefois
esté trouvées gastées & corrompuës pour estre apportées de
fort loin. Et à cette fin, seront tenus lesdits Forains ou autres,
d'avertir lesdits Jurez incontinent aprés l'arrivée d'icelles
leveures, pour au cas qu'elles fussent trouvées bonnes, estre
portées par lesdits Forains ou autres à la Halle de Paris, pour
y estre venduës & debitées aux Pasticiers & Boulangers qui
l'employent & mettent en œuvre, sans souffrir qu'elles soient

expofées & mifes en ventes en aucun autre lieu & place, ni qu'elles foient colportées par ladite Ville & Faux-bourgs de Paris, venduës ni debitées en l'Hoftellerie defdits Forains, à peine de confifcation de ladite leveure, & de cinquante livres parifis d'amende contre lefdits Forains & colporteurs applicable comme deffus, & s'il fe trouve que ladite leveure foit deffectueufe & corrompuë, en foit fait rapport à Juftice par lefdits Jurez, pour eftre icelle jettée à la riviere, fi faire fe doit.

Item. Qu'aucuns Maiftres Braffeurs de Biere de la Ville & Faux-bourgs de Paris, ne pourront dorénavant nourrir, ni tenir dans leurs Maifons, efquelles leurs Brafferies font conftruites, aucuns bœufs, vaches, porcs, oifons, ni canes, à caufe de l'infection, ordures & puanteur qui fe peuvent apporter dans lefdites Brafferies, qui ne peuvent eftre tenuës trop nettement, à peine contre les contrevenans, de confifcation defdits animaux, & de pareille amende applicable comme deffus.

Item. Que chacun Maiftre Braffeur de Biere & Cervoife en cette Ville, Faux-bourgs & Banlieuë de Paris, ne pourra à l'avenir faire qu'un Braffin de Biere par jour, contenant quinze feptiers de farine au plus; Et en cette confideration ne pourront faire conftruire ni avoir des Brafferies, chaudieres & cuves plus grandes que pour travailler & ufer lefdits quinze feptiers de farine, afin que les grains foient toûjours aprés plus raifonnables, & que chacun defdits Maiftres puiffe plus facilement avoir des grains pour travailler, & que le public en foit mieux fervi; eftant certain que les Brafferies qui font plus grandes font fujettes au tems des chaleurs & tonneres à fe gafter, à caufe du long-tems que l'on eft à les faire & parfaire, & que la Biere n'en peut eftre de garde, à peine contre chacun defdits Maiftres contrevenans de confifcation defdits Braffins, & de trois cens livres d'amende applicable aux Pauvres de l'Hôpital, comme deffus.

Item. Chacun Maiftre dudit meftier aura une marque pour marquer les caques, barils & autres vaiffeaux efquels il mettra & livrera les Bieres & Cervoifes qu'il vendra, afin que l'on

puiſſe facilement ſçavoir & reconnoiſtre à qui ſeront leſdits caques & vaiſſeaux, laquelle marque ſera frappée en la
preſence deſdits Jurez, aprés qu'ils auront veu ſi leſdits vaiſſeaux ſeront de bonne jauge, en un plomb qui pour ce ſera
mis en la Chambre de Monſieur le Procureur du Roy, avec
les plombs eſquels ſont les marques des autres Meſtiers de
cette Ville, & ce fait enregiſtré és Regiſtres du Chaſtelet, &
qui fera le contraire, il payera vingt livres pariſis d'amende
applicable comme deſſus.

Item. Qu'aucun Maiſtre dudit Meſtier ne pourra prendre
ni emporter les caques, fuſtailles, ou autres vaiſſeaux eſtant
és maiſons de ceux à qui ils vendent & livrent leſdites Bieres & Cervoiſes, s'ils ne leur appartiennent, ou que ce ne
ſoit du congé & licence de celui ou ceux à qui ils appartien-
dront, ſur peine de quarante-huit ſols pariſis d'amende, applicable comme deſſus.

Item. Qu'aucuns revendeurs des Bieres & Cervoiſes en
détail, ne pourront icelles vendre ni étaller ſi elles ne ſont
bonnes, loyales, marchandes, & dignes d'entrer au corps
humain, ſur même peine que deſſus. Et à cette fin ſeront
tenus les Jurez d'aller de tems en tems en viſitation en leurs
maiſons, pour en eſtre aprés par eux fait rapport à Juſtice,
attendu qu'elles peuvent eſtre gaſtées & alterées depuis l'a-
chapt d'icelles.

Item. Que nul Maiſtre dudit meſtier ne pourra aſſocier
ni accompagner avec luy aucun qu'il ne ſoit auſſi Maiſtre
dudit meſtier, pour tenir Braſſerie, & tenir ouvroir en cette
Ville & Banlieuë de Paris, pour obvier aux abus qui en pourroient avenir, ſur peine de cent livres pariſis d'amende applicable comme deſſus.

Item. Que nul Maiſtre dudit meſtier ne puiſſe tenir ni avoir
qu'un apprentif, & durant les cinq années le Maiſtre ne puiſſe
tranſporter ſondit apprentif à un autre, ſans le conſentement
deſdits Jurez, & qu'à ce faire il n'y ait cauſe legitime ; & quand
ſe viendra à la cinquiéme & derniere année, le Maiſtre ſe
pourra pourvoir d'un autre apprentif, lequel il tiendra avec

A iij

le premier. Et à cette fin feront tenus lefdits Maiftres qui obligeront des apprentifs, appeller lefdits Jurez pour eftre préfens à voir paffer le Brevet d'apprentiffage. Et partant feront tenus lefdits Jurez d'avertir les Maiftres qui obligent l'apprentif de faire regiftrer ledit Brevet d'apprentiffage au Greffe de Monfieur le Procureur du Roy, pour obvier aux abus qui fe pourroient commettre, & que de leur part lefdits Jurez tiendront Regiftres defdits Brevets d'apprentiffage, & qui fera le contraire, il l'amendera de huit livres parifis d'amende applicable comme deffus.

Item. Que tous fils de Maiftres qui feront trouvez experts & fuffifans au fait dudit meftier, pourront lever, fi bon leur femble, leur ouvroir & Brafferie, en faifant leur Chef-d'œuvre, & payant les droits de Confrerie & autres pour ce dûs & accoûtumez, & qu'ils foient rapportez & témoignez fuffifans par lefdits Jurez comme deffus eft dit, fans pouvoir pour ce eftre tenus à faire apprentiffage, ni fervir les Maiftres dudit meftier.

Item. Que nul des Maiftres dudit meftier ne puiffe mettre en befogne aucuns Compagnons dudit meftier qui fe foient départis, & laiffé leurs Maiftres durant leur terme, & le tems de leur fervice échû, outre le gré & volonté d'icelui Maiftre, fur peine de vingt livres parifis d'amende applicable comme deffus, defquels vingt livres parifis ledit Compagnon en payera dix livres parifis, & le Maiftre qui l'auroit auffi pris & mis en befogne le furplus.

Item. Qu'après le decès d'un Maiftre dudit Meftier, fa veuve pourra avoir ferviteurs, & tenir fa Brafferie durant fa vuiduité feulement, pourvû qu'elle foit femme de bonne vie & renommée fans aucun reproche, laquelle ne pourra prendre aucun apprentif durant fa viduité, fors celui qui lui feroit demeuré au trepas dudit deffunt fon mary.

Item. Que les Maiftres dudit meftier ne puiffent fouftraire les apprentifs ni ferviteurs des autres Maiftres d'icelui meftier, & qui fera trouvé faifant le contraire, il payera vingt livres parifis d'amende à appliquer comme deffus.

Item. Que pour faire les viſitations deſſuſdites, à ce que leſdits Statuts & Ordonnances ſoient entretenus & gardez feront pris & élûs par la Communauté dudit meſtier, trois Maiſtres d'içelui pour eſtre Jurez & Gardes, les deux deſquels ſe changeront de deux en deux ans au lendemain de la Feſte S. Leonard, leſquels Jurez feront élûs à la pluralité des voix à la maniere accoûtumée, & feront ſerment de bien & fidelement garder & entretenir leſdites Ordonnances; & de rapporter à la Chambre de Monſieur le Procureur du Roy toutes les fautes & malverſations qu'ils trouveront contre les Ordonnances, afin qu'il ne ſe commette aucuns abus au fait deſdites Bieres & Cervoiſes. Sera permis & loiſible auſdits Jurez d'aller en viſitation, non-ſeulement dans la Ville de Paris, mais auſſi dans la Banlieuë & Faux-bourgs d'icelle, tant ſur les Maiſtres reçûs par Monſieur le Procureur du Roy au Chaſtelet, qu'autres reçûs par les Juges ſubalternes; Enjoignant auſdits Braſſeurs ſouffrir ladite viſitation, & deffenſes aux Juges des lieux de les y troubler, pour eſtre tous les points & articles cy-deſſus tranſcrits, entretenus, gardez & obſervez, ſans enfreindre ni contrevenir au contraire d'iceux, ſur les peines comme deſſus. Et ne pourront les preſens articles en rien déroger, ni préjudicier au droit que le Roy a accoûtumé de prendre par chacun an ſur chacun Braſſeur exerçant le fait de Braſſerie qui eſt de cent ſols. *Ainſi ſigné*, A. LE FEBRE, N. MUNGOT, PAUL PUISON, & JEAN LE FEBRE. Et plus bas eſt écrit.

Regiſtrées, ouy le Procureur General du Roy, pour joüir par leſdits Braſſeurs de Bierre de l'effet y contenu : A Paris en Parlement, le ſeizième Mars mil ſix cens trente. Signé, DU TILLET. *Par Collation.* STORNAT.

Signé, JACQUES.

EXTRAIT DES REGISTRES DES Ordonnances Royaux, regiſtrez en Parlement.

LOUIS par la grace de Dieu, Roy de France & de Navarre : A tous preſens & à venir. Salut ; Nos biens-amez les Maiſtres Jurez du meſtier de Braſſeurs de Bieres & Cervoiſes de nôtre bonne Ville & Faux-bourgs de Paris, nous ont fait remontrer que le Roy XII. auroit par les Lettres Patentes du mois de May 1514. autoriſé, approuvé & confirmé, les Statuts & Ordonnances faits en connoiſſance de cauſe pour leur art & meſtier, leſquels auroient depuis eſté confirmez de regne en regne par Lettres Patentes des mois de Mars 1556. Janvier 1567. May 1580. & Septembre 1608. & voulans les predeceſſeurs des expoſans remedier aux nouveaux deſordres qui s'eſtoient introduits en la confeⅽtion des Bieres & Cervoiſes, & en l'exercice dudit meſtier, par la mauvaiſe intention de ceux qui avoient pris avantage de la licence des derniers tems, laquelle avoit prévalu ſur la juſtice deſdites Ordonnances, auroient eu recours à de nouveaux remedes, fait revoir les anciens Statuts, & dreſſer de nouveaux articles & Ordonnances dont l'uſage auroit eſté abſolument trouvé neceſſaire pour le bien & l'utilité du public, & pour la ſanté du corps humain, à laquelle ils ſe ſeroient uniquement appliquez, de ſorte que ces nouveaux articles ayant eſté lors renvoyez au Lieutenant Civil, & de Police du Chaſtelet de Paris ; & au Subſtitut de noſtre Procureur General de noſtre Cour de Parlement de Paris audit Chaſtelet, par leur avis le feu Roy Loüis XIII. noſtre très-honoré Seigneur & Pere, auroit iceux articles, Statuts & Ordonnances tant anciens que nouveaux approuvé & confirmé par Lettres Patentes du mois de Février 1650. regiſtrées en noſtredit Parlement de Paris du conſentement de noſtre Procureur General en icelui, le 16 Mars de la même année, leſquelles ont eſté depuis executées, & ſur la contravention faite à icelles par les Boulangers de noſtredite Ville & Faux-bourgs de Paris, en employant des leveures gaſtées & corrompuës

des Marchands Forains dans leur pain, par Arreſt dudit Parlement en forme de Reglement rendu ſur les concluſi ns de
noſtredit Procureur General en icelui le 28 Mars 1670. il
auroit eſté fait deffenſes auſdits Boulangers de Paris d'employer d'autres leveures de Biere dans leur petit pain , que
de celle qui ſe fait dans la Ville, Faux-bourgs & Banlieuë de
la Prevoſté & Vicomté de Paris, fraîche & non corrompuë
à peine de Cinq cens livres d'amende ; en execution duquel
Arreſt noſtre Lieutenant de Police audit Chaſtelet auroit rendu diverſes Sentences , & notamment une derniere contra-
dictoire au profit des expoſans, demandeurs en ſaiſie & execution du ſuſdit Arreſt contre Pierre Haniele Marchand Fo-
rain le 8 Janvier 1683. par laquelle la ſaiſie de la leveure
faite ſur ledit Haniele auroit eſté declarée bonne & valable,
& ordonné que ladite leveure ſeroit jettée à l'eau, & les reglemens executez, avec deffenſes d'y contrevenir ſur les peines
y portées ; & comme le public eſt intereſſé dans l'étroite ob-
ſervation des Ordonnances des expoſans, & des Arreſts &
Reglemens intervenus ſur icelles, leſdits expoſans craignant
qu'ils n'y ſoit à l'avenir donné quelque atteinte nouvelle par
le deffaut de confirmation deſdits Statuts & Ordonnances
depuis noſtre avenement à la Couronne , nous ont très-humblement fait ſupplier leur vouloir accorder nos Lettres ſur ce
neceſſaires. A ces Causes , voulant favorablement traiter
les expoſans, & les maintenir & garder dans leurs privileges au
bien & avantage du public, de l'avis de noſtre Conſeil, qui a
veu leſdits Statuts & Lettres Patentes de confirmation d'iceux
& Reglemens ſuſdits cy-attachez ſous noſtre contreſcel, de
noſtre grace ſpeciale , pleine puiſſance & autorité Royale :
Nous avons agreé, confirmé approuvé, & autoriſé, agréons,
confirmons, approuvons & autoriſons par ces Preſentes ſignées de noſtre main, leſdits Statuts, Ordonnances & Reglemens des expoſans , que nous voulons & ordonnons eſtre executez ſelon leur forme & teneur , pour en joüir par leſdits expoſans & leurs ſucceſſeurs audit art & meſtier à l'avenir pleinement & paiſiblement , & tout ainſi qu'ils en ont cy-devant joüi
& uſé , joüiſſent & uſent encore à preſent ; pourveu qu'il n'y
ait rien de contraire à nos droits, & à ceux d'autruy. Si
donnons en Mandement , à nos amez & feaux Conſeillers
les gens tenans nos Cours de Parlement & des Aydes à Paris,

au Prevoſt dudit lieu, ou ſon Lieutenant General de Police & à tous autres nos Juſticiers & Officiers qu'il appartiendra, que les Preſentes nos Lettres de confirmation ils faſſent re-giſtrer, & de leur contenu & ſuſdit Arreſt de reglement jouïr & uſer leſdits Expoſans & leurs ſucceſſeurs audit art & meſtier pleinement, paiſiblement & perpetuellement, iceux Statuts & Arreſt de Reglement garder & obſerver ſelon leur forme & teneur, ſur la peine de l'amende de 500 liv. portée par ice-luy Arreſt contre chaque contrevenant, applicable moitié à l'Hôpital general, & l'autre moitié à la Communauté des Expoſans, à ce faire obéïr, contraindre tous ceux qu'il appar-tiendra & ceſſer tous troubles & empêchemens contraires: CAR tel eſt noſtre plaiſir. Et afin que ce ſoit choſe ferme & ſtable à toûjours, Nous avons fait mettre noſtre ſcel à ceſdites Preſentes: DONNE'ES à Verſailles au mois de Septembre l'an de grace mil ſix cens quatre-vingt-ſix, & de noſtre Regne le quarante-quatriéme, *Signé*, LOUIS. Et ſur le reply, Par le Roy, COLBERT. Et à coſté, *Viſa*, BOUCHERAT. Pour Let-tres de Confirmation des Statuts des Braſſeurs de Biere de Paris. *Cotté*, DUCONO.

Regiſtrées, ouy le Procureur General du Roy, pour jouir par les impetrans, & ceux qui leur ſuccederont audit meſtier, de leur effet & contenu, & eſtre mentionnées ſelon leur forme & teneur, ſuivant l'Arreſt de ce jour. A Paris en Parlement le troiſiéme May mil ſix cens quatre-vingt-ſept. Signé, JACQUES.

AVIS SUR L'ARREST DE RENVOY.

VEU par Nous Gabriel Nicolas de la Reynie, Conſeiller d'Eſtat ordinaire, Lieutenant General de Police de la Ville, Prevoſté & Vicomté de Paris, & Claude Robert, Con-ſeiller du Roy en ſon Conſeil, Procureur de Sa Majeſté au Chaſtelet de Paris, les Lettres Patentes du Roy données à Verſailles au mois de Septembre dernier, ſignées, LOUIS, & ſur le reply, Par le Roy, COLBERT, & ſcellées, obtenuës par les Maiſtres Jurez du meſtier de Braſſeurs de Biere &

Cervoiſe de la Ville & Fauxbourgs de Paris, par leſquelles
Lettres, & pour les cauſes y contenuës, Sa Majeſté auroit
confirmé, approuvé, autoriſé les Statuts, Ordonnances & Re-
glémens faits par leſdits Impétrans pour leur art & Meſtier,
veut & lui plaiſt qu'ils ſoient executez ſelon leur forme &
teneur, pour en joüir par eux & leurs ſucceſſeurs audit métier
à l'avenir pleinement & paiſiblement, & ainſi que plus au long
le contiennent leſdites Lettres à la Cour de Parlement adreſſantes, l'Arreſt de ladite Cour de Parlement du vingt trois
Décembre dernier, par lequel ladite Cour avant proceder à
l'enregiſtrement deſdites Lettres, a ordonné que leſdites
Lettres & Statuts nous ſeroient communiquez, pour ſur
icelles donner nos avis, ou dire autrement ce que bon nous
ſembleroit. Veu auſſi leſdits Statuts & la Requeſte à nous préſentée par leſdits Maiſtres Jurez du Meſtier de Braſſeur de
Biere & Cervoiſe de la Ville & Fauxbourgs de Paris, aux fins
de l'execution dudit Arreſt.

Nôtre avis eſt, ſous le bon plaiſir de la Cour, que les Lettres
Patentes obtenuës par les Jurez Braſſeurs, peuvent être enregiſtrées, leſdites Lettres n'étant qu'une ſimple confirmation
de leurs Statuts confirmez par autres Lettres Patentes du mois
de Janvier mil ſix cens trente, regiſtrées purement & ſimple-
ment en la Cour le ſeize Mars enſuivant. Fait ce deux Avril
mil ſix cens quatre-vingt-ſept, la minute ſignée DE LA REYNIE
& ROBERT.

Signé, THIERRY, pour SAGOT.

EXTRAIT DES REGISTRES
de Parlement.

VEU par la Cour les Lettres Patentes du Roy, données
à Verſailles au mois de Septembre dernier, ſignées
LOUIS, ſur le reply, par le Roy, COLBERT, & ſcellées
en lacs de ſoye du grand Sceau de cire verte obtenues par les
Maiſtres Jurez du Meſtier de Braſſeurs de Biere & Cervoiſe
de la Ville & Fauxbourgs de Paris, par leſquelles & pour les

cauſes y contenues, ledit Seigneur Roy auroit agréé, confirmé, approuvé & autoriſé les Statuts, Ordonnances & Reglemens faits pour ladite Communauté, que ledit Seigneur Roy veut & ordonne eſtre executez ſelon leur forme & teneur, pour en joüir par les Impétrans, & ceux qui leur ſuccederont audit Meſtier pleinement & paiſiblement, & tout ainſi qu'ils en ont ci-devant joüi & uſé, joüiſſent & uſent encore de préſent, & ainſi que plus au long le contiennent leſdites Lettres à la Cour adreſſantes. VEU auſſi l'Arreſt d'icelle du vingt-troiſiéme jour de Décembre dernier, par lequel, avant proceder à l'enregiſtrement deſdites Lettres, auroit eſté ordonné qu'elles ſeroient communiquées avec leſdits Statuts au Lieutenant de Police, & au Subſtitut du Procureur General du Roy au Chaſtelet, pour donner ſur icelles leur avis, ou y dire autrement ce que bon leur ſembleroit, pour ce fait rapporté & communiqué audit Procureur General du Roy, eſtre ordonné ce que de raiſon. L'avis donné en évocation dudit Arreſt par ledit Lieutenant de Police, & ledit ſubſtitut du Procureur General du Roy du deuxiéme Avril dernier, leſdits Statuts & Reglemens, & la Requeſte préſentée à l'effet de l'enregiſtrement deſditesLettres, concluſions du Procureur General du Roy : OUY le Rapport de Mᶜ FRANÇOIS ROBERT, Conſeiller : Et tout conſideré ; LA COUR a ordonné & ordonne que leſdites Lettres ſeront enregiſtrées au Greffe d'icelle, pour jouir par les impetrans, & ceux qui leur ſuccederont audit Meſtier, de l'effet & contenu en icelles, & eſtre exécutées ſelon leur forme & teneur. Fait en Parlement le troiſiéme jour de May ; l'an mil ſix cens quatre-vingt ſept. *Par Collation.* GESSEY.

Signé, JACQUES.

Renouvellé du temps de la Jurande de M. SIMON BENARD, JACQUES VILLOT, & ANDRE' ACLOQUE, Jurez en Charge en mil ſept cent vingt-deux.

De l'Imprimerie de JEAN FRANÇOIS KNAPEN, ruë de la Huchette, à l'Ange.

www.ingramcontent.com/pod-product-compliance
Ingram Content Group UK Ltd.
Pitfield, Milton Keynes, MK11 3LW, UK
UKHW022257070726
13613UKWH00005B/2345